MACPHERSON

MAGAZINE chefs

RECETA SOPA DE CALABACÍN

Mer Bonilla

UN LIBRO MACPHERSON MAGAZINE

https://macphersonmagazineeditorial.com

Título original: Macpherson Magazine Chef's - Receta Sopa de calabacín

Receta de: Mer Bonilla

MACPHERSON MAGAZINE

DISEÑO Macpherson Magazine   DIRECTOR ARTÍSTICO Macpherson Magazine
JEFE EDITORIAL Macpherson Magazine DIRECTOR EDITORIAL Javier Rodríguez Macpherson

CONTROL DE PRODUCCIÓN
Macpherson Magazine

MACPHERSON MAGAZINE

EDITOR ARTÍSTICO Macpherson Magazine
EDITOR EJECUTIVO Macpherson Magazine

Publicado originalmente en España en 2019 y revisado en 2019.
Esta edición: publicada en 2019 por
Macpherson Magazine, Barcelona

Publicación de Editorial Macpherson Magazine, Inc.

www.macphersonmagazineeditorial.com

Sopa de calabacín, receta fácil y rápida para recibir al otoño

No falta nada para que las bajadas de temperatura del otoño se hagan notar, pero serán más fáciles de llevar con recetas como las de esta sopa de calabacín.

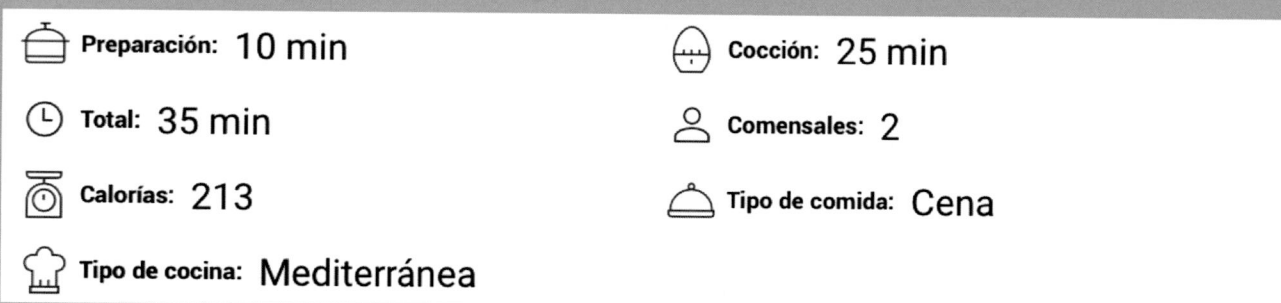

Preparación: 10 min		**Cocción:** 25 min	
Total: 35 min		**Comensales:** 2	
Calorías: 213		**Tipo de comida:** Cena	
Tipo de cocina: Mediterránea			

Hace tiempo que los calabacines se han convertido en mis grandes aliados como sustitutos de la pasta en muchísimas recetas. Desde láminas para hacer lasañas, tallarines o espaguetis hechos con el espiralizador y cualquier salsa para pasta ya sea china o italiana, o mismo cortados en pequeños dados como los hemos usado en esta sopa de calabacín que es una maravillosa alternativa a las típicas sopas de fideos.

Ingredientes

- Calabacines, 2
- Patata mediana, 1
- Jamón en taquitos, 100 g
- Huevos, 2
- Cebolla, 1
- Caldo de pollo o verduras bajo en sal, cantidad suficiente
- Aceite de oliva virgen extra, 3 cucharadas
- Sal

01: Cocer los huevos

En un cazo ponemos a hervir agua con un chorro de vinagre y una cucharadita de bicarbonato. Cuando empiece a hervir, echamos los huevos, y cuando recupere el hervor, contamos diez minutos. Los retiramos y los dejamos en un bol con agua fría.

Cuando podamos manipularlos sin quemarnos, los pelamos y reservamos.

02: Saltear

Mientras se van cociendo los huevos, pelamos la cebolla, la patata y los calabacines. Cortamos la cebolla en brunoise, y la patata y el calabacín en dados de un centímetro de lado.

En una cazuela ponemos el aceite de oliva virgen extra a calentar a fuego medio. Añadimos la cebolla y las patatas, las rehogamos durante un par de minutos con cuidado de que la cebolla no se queme.

Añadimos los taquitos de jamón, removemos para que se mezcle todo. Añadimos los calabacines y rehogamos todo un par de minutos más.

03: Añadir caldo

Añadimos caldo hasta cubrir por completo todos los ingredientes. Dejamos cocinar a fuego lento durante unos diez minutos o hasta que todas las verduras estén tiernas.

04: Incorporar huevo

Añadimos las claras de huevo duro troceadas. Separamos un cucharón de caldo en un vaso, aplastamos las yemas de huevo y las ponemos también en el vaso, mezclamos y devolvemos la mezcla a la sopa.

05: Servir

Servimos nuestra sopa caliente y recién hecha. Si sobra y las hortalizas se pasan de punto, podemos pasar la batidora y convertirla en una deliciosa y finísima crema de calabacín.

Notas

Aunque las yemas de huevo le dan un
colorcillo a la sopa, si eres de los que
prefieren las sopas con más color, puedes
darle un toque de azafrán o de pimentón,
que también aportarán un toque de sabor.

La Editorial Macpherson Magazine trae un nuevo libro, pero esta vez un libro de recetas o guía. Para poder hacer Sopa de calabacín, se mostrara paso a paso y con fotografías. Macpherson Magazine a partir de ahora, lanzará un libro de recetas de cada comida.

Lightning Source UK Ltd.
Milton Keynes UK
UKRC020918081019
351188UK00009B/151